This book belongs to:

Dinosaur Word Search 1

Find all the dinosaur names listed below!

```
Y  H  W  V  C  H  K  N  G  B  V  I  A  K  W  Z  F  R  D  J
Q  P  O  R  M  Y  N  I  X  B  K  X  T  P  P  Y  N  S  P  Q
D  D  J  F  O  N  L  Y  S  G  J  P  L  I  L  X  J  J  S  F
I  E  U  C  P  F  R  X  P  L  U  V  O  Y  L  M  B  N  C  G
M  F  J  D  Z  M  O  P  R  L  R  B  P  M  W  F  P  F  R  G
I  J  K  V  A  N  E  O  Q  X  A  Z  H  D  S  U  A  U  Y  C
H  Y  Q  X  D  I  B  J  O  R  V  F  O  U  N  Y  N  T  O  B
P  L  S  G  P  R  D  D  Q  R  E  R  R  G  Z  B  T  V  L  A
N  B  M  L  V  A  W  I  U  O  N  U  H  G  I  C  Y  X  O  C
H  A  T  Q  N  B  P  K  Y  E  A  I  O  F  T  N  D  C  P  T
R  Z  Q  G  J  E  X  C  N  S  T  N  T  H  E  T  R  R  H  R
C  K  V  X  M  L  X  N  O  U  O  V  H  H  D  X  A  A  O  O
S  J  Q  W  I  I  W  R  T  Y  R  S  O  E  O  J  C  E  S  S
H  W  K  Z  J  S  C  T  T  P  W  V  N  N  A  M  O  D  A  A
H  T  V  A  C  A  R  N  O  T  A  U  R  U  S  H  I  V  U  U
V  S  F  Q  P  U  N  M  Q  F  K  L  V  Y  X  B  Q  M  R  R
Q  P  N  Y  P  R  E  N  O  C  E  P  H  A  L  E  O  K  U  U
C  K  H  I  D  U  X  W  Q  T  B  D  X  X  L  I  N  L  S  S
B  F  W  M  T  S  N  I  D  B  W  P  Y  M  R  D  H  L  W  T
L  K  C  T  R  W  W  E  H  N  X  N  O  N  E  O  K  R  B  R
```

Prenocephale   Bactrosaurus
Pantydraco   Carnotaurus
Ornithomimus   Juravenator
Abelisaurus   Hypacrosaurus
Cryolophosaurus   Lophorhothon

Dinosaur Word Search 2

Find all the dinosaur names listed below!

```
K E K Q J U B N F T D R E C C Z X Z C L
V Z G J U N H K Y W H C U B U Z B W R Q
D I O Z J I H R Y Z T H V Y P H V V K Y
B R A N T A R C T O S A U R U S V W N Q
O I O L J Q L J C B D O F J U X V P Y B
D O H M R D T O Y R N F Y P C U V T P
A U X L A A W O P Y B A P W S S S G M E
Y L P A U E A A R H R N I F Z L K T V N
K K A R N Y O I K O O G Q Z Z K P B D T
C Y L M O Y K S G L S S A H Y U C U D A
K P X A O T Q C A C S A T Q E J T J H C
Q N Y P F S O Y W U P U U R J T A A D E
I V C L S W A C R O R R G R O F J C K R
Y Z A L U C F U E A U U N U P J J P A
E X O A V X A Z R R M S S T H S H N T T
Q X V B L S D W F U A G Z W D P R E V O
A F O I I C H I R O S T E N O T E S U P
T C C B R Q S E N F K L O F S X A L H S
E W O J J M D I F A K L E P B Y H F Z T
Q G N F E J G P R U V T D F S O G N V I
```

Alamosaurus

Torosaurus

Antarctosaurus

Chaoyangsaurus

Chirostenotes

Dromaeosaurus

Gobisaurus

Protoceratops

Lophostropheus

Pentaceratops

Dinosaur Word Search 3

Find all the dinosaur names listed below!

```
M S F W P L W U W Z R I K I S I D Y P F
H U S L R S M Z G T E Z D J X P B Y L I
G N H N F M H C Z V T K E K F R F S Z T
F W Y X O D U R Z N S R L K R Q I S A H
N Y J P G N E M I U Q U T R R X B E G L
H Q N O M I N G I A U T A J L U I P G E
I S U W A Z G F L M A D V H L T B U Z
X H V V R M P A G L E S R H A F Y B C H
X B E B C A A H N Z S E O A L E U P A X
S M M P H J K R E O I G M D I W A X R P
L X A U A L O B G H T N E R O O N V X Y
O K Q U E G E T X A O O U O R E M Z Z O
I J Z X O B B E E P S S S S A H O P H A
G V K C P I L B V O A A X A M F U S Q X
R D U K T L X L L B U U U U P S D F N
Q S I G E U J T Z I R R I R S R A V W O
X T U L R U F L D N U B U U V U X D J
P V T V Y Y C X L C S S F S R S R S K I
W X J V X Y O X Z R Q Q V Y U K U D R N
I Q A E E O N W T R M R P T K X S O F D
```

Amargasaurus   Segnosaurus
Giganotosaurus   Archaeopteryx
Deltadromeus   Alioramus
Quaesitosaurus   Yuanmousaurus
Nomingia   Hadrosaurus

Dinosaur Word Search 4

Find all the dinosaur names listed below!

```
L  L  A  J  L  E  U  W  V  H  O  L  M  C  S  L  P  T  S  T
B  P  O  F  A  R  F  Z  G  M  G  D  U  N  P  T  V  H  C  Z
X  G  K  X  P  N  R  E  B  B  A  C  H  I  S  A  U  R  U  S
K  B  B  R  A  C  H  Y  L  O  P  H  O  -  S  A  U  R  U  S
L  T  V  S  F  B  M  W  W  R  I  O  J  A  S  A  U  R  U  S
U  I  U  Y  U  P  O  J  A  K  Q  Z  M  Y  P  I  U  R  T  W
V  F  R  Q  N  H  V  E  O  N  R  N  Y  S  B  A  T  X  B  Y
I  A  C  Q  B  W  I  E  W  K  O  M  D  M  S  B  M  F  Q  Q
E  E  V  N  U  G  R  C  R  M  M  X  Y  -  T  B  O  K  R  J
F  U  K  U  I  R  A  P  T  O  R  S  O  U  E  D  U  O  L  Q
W  P  C  J  E  M  P  M  N  K  C  H  S  X  C  V  T  G  V  N
J  J  S  Y  M  V  T  K  P  C  T  S  T  L  M  P  M  K  S  E
R  H  E  T  E  R  O  D  O  N  T  O  -  S  A  U  R  U  S  E
E  T  N  A  A  K  R  O  A  Q  I  R  H  R  O  L  Y  R  U  K
S  S  J  U  R  U  B  C  U  S  B  X  O  P  I  E  X  E  B  R
U  W  J  R  N  Y  O  F  C  X  V  R  E  H  N  V  S  Z  Z  M
H  K  M  Z  L  L  P  E  L  I  C  A  N  I  M  I  M  U  S  F
I  J  Q  A  P  D  R  O  M  I  C  E  I  O  M  I  M  U  S  Z
M  J  K  A  K  G  W  X  M  B  B  E  L  P  O  W  G  Q  K  O
C  X  H  J  E  L  W  R  E  V  L  D  J  E  I  E  C  K  L  U
```

Microraptor	Haplocantho-saurus
Heterodonto-saurus	Oviraptor
Dromiceiomimus	Fukuiraptor
Brachylopho-saurus	Rebbachisaurus
Pelicanimimus	Riojasaurus

Dinosaur Word Search 5

Find all the dinosaur names listed below!

```
P R O B A C T R O S A U R U S H Q G J R
F K B J H C N N P M Y G N U H O N P V I
U I J C U C O O T L J M R L M N O N A V
F L H D K M E M R Z X U C G K M D E M I
L A H C Q Y V O P B A E C A L S Z D G S
H E N E J V F L U S E M N B W J S O Z M
E B N S T P M M O P O J I B R U O C F A
C Z R F Y Y E E C E C G R V R R T E I J
B A H T B H B R L N Z S N U R I A R P U
A N E U G M Z J N J R K A A A N Z A Z N
J Q C H A G R Y P H U S U T T C D T B G
N I A L H P G N R L A R N H Y H P O O A
B Q X W O T Z N R T Q I B H S E U P R S
C W X Y Y W B S N W E A M R N C S O A
R E D C K X S K T F F Z E Z R I J Z G U
N Z V P O U P I B N J C E O R A P T O R
B S O H H L Z M F Z W U J D R S Z S V U
C B E X Q A Q C N X P U A X O P R N I S
Q R W O S X U O C A F K C W J I L H A Y
E B N Q E X B X K Y Z F U M E B H W N J
```

Borogovia

Probactrosaurus

Majungasaurus

Hagryphus

Rinchenia

Compsognathus

Eoraptor

Lambeosaurus

Nedoceratops

Kotasaurus

Dinosaur Word Search 6

Find all the dinosaur names listed below!

```
P U Z Z S X M B I F Y R Q E Y W Z D A E
R J K D E U H E L O P U S S G W Q M X Z
S W G Y U J D I N M Q A I U F M O C L A
C R T Q S L D G J W G L B V P A L F M F
V J F O T T R Q N N Q B Q X E X E L A Q
J F G B R K D S A G B B L V L A X O L Z
T T F L E J A C C Y N E S R Y K C H A Q
F G F Z P D K G M O M P P H C A S F W E
C X L U T A H R A P T O R A L L F E I Z
E D Z M O Q N H I Z T V P B F I R O S V
I M T X - X L N A F I A Q D A S R W A K
A G A W S I N O R N I T H O S A U R U S
E Y Q Y P G D P V G D Z M D N U C C R Y
M I C R O C E R A T U S L O H R C T U P
Y G S I N O V E N A T O R N I U N Q S H
I X K O D Y A U C A S A U R U S Q S Q K
W U Q T Y V R T C I O D Y O Y Z T E G G
G R I L L Q W H Y W O B V U L S B R R I
Y X E E U Z Y N J U Y L V U J L K S O I
A X N T S X N G S J N V X H C V I I C M
```

Sinornithosaurus   Microceratus
Aucasaurus   Maxakalisaurus
Eustrepto-spondylus   Euhelopus
Utahraptor   Rhabdodon
Sinovenator   Malawisaurus

Dinosaur Word Search 7

Find all the dinosaur names listed below!

```
A V S E H O T E N Q E H W R R H Q R J K
Z O Z Q X G P U L C T U Z W I D K O H B
S V Y W B O R J W Y U E A Q C C E I Y F
L A W C H A Z Y C T C W E L O N N C Z P
W L U K O Y Z H H B L O L T L R T R R X
D B S R D A T O U S A U R U S S R F T U
Z E X Z O V V E K G Q X R H N G O Y J H
L R O U F R O O E Q C E N N I K S V K U
V T B L Q Y N E L C Q F V V U N A E L T
N A W G D K O I F L S I S R R X U V U N
W C R E M B U I T R E R A P T O R S T I
H E C S P J I N Z H O U S A U R U S J S
J R V Y S U C E T I O S A U R U S A O O
G A K H W A Y P L U K I T J A I Y M G G
U T N Z A R Y V S J N U D Y X X H G H M
J O I T Y L O C E P H A L E M U S V I H
V P Z S P I A T N I T Z K Y S A U R U S
A S X L M N F A P F S I A I O C R V N W
C U B M D Y U Z V E S J C W Z I P J M J
R G Q B T A I E G P D N U Z X Y Z L I O
```

Jinzhousaurus

Tylocephale

Saurornithoides

Albertaceratops

Lycorhinus

Datousaurus

Piatnitzkysaurus

Kentrosaurus

Cetiosaurus

Buitreraptor

Dinosaur Word Search 8

Find all the dinosaur names listed below!

```
F  V  Q  A  X  G  B  P  L  E  Y  C  G  E  C  E  V  Y  P  N
M  H  T  I  A  Q  E  Q  L  N  A  G  S  Y  E  Y  S  F  U  A
V  L  Y  B  V  L  N  H  W  R  N  Y  K  V  T  R  Q  K  E  T
P  G  Q  R  W  U  Z  V  G  O  G  U  O  W  I  N  G  K  A  L
J  I  J  Z  O  S  A  U  L  T  C  L  L  J  O  S  T  V  U  A
W  I  U  I  L  Y  I  N  G  S  H  A  N  O  S  A  U  R  U  S
P  D  Y  Q  Z  G  A  P  R  A  U  Z  L  J  A  K  O  K  L  C
I  G  L  Q  X  U  F  B  W  G  A  L  L  U  G  B  K  A  O
S  O  T  Y  G  Y  K  R  F  A  N  K  S  A  R  H  C  J  V  P
S  A  C  Y  D  J  J  A  L  N  O  P  X  D  I  K  F  T  X  C
N  T  I  F  S  F  E  C  R  T  -  G  W  Q  S  M  P  Z  G  O
Y  O  E  R  K  I  U  H  W  E  S  B  G  I  C  M  D  R  A  S
O  D  R  G  R  P  N  I  T  G  A  R  I  W  U  N  I  C  Y  A
S  O  D  M  O  I  M  O  O  I  U  K  D  N  S  B  M  V  Q  U
J  S  Q  F  S  S  T  S  R  A  R  P  N  D  D  D  F  A  Y  R
W  H  X  B  A  C  A  A  G  W  U  E  M  D  V  A  O  H  X  U
A  C  F  U  X  J  B  U  T  Z  S  R  R  V  S  P  U  P  L  S
X  L  N  R  C  O  G  R  R  O  L  A  J  O  T  F  F  N  J  R
A  F  G  C  J  B  A  U  G  U  R  B  M  I  F  K  F  J  Q  B
O  B  F  K  N  X  F  S  Q  O  S  B  V  F  D  E  T  D  I  D
```

Guanlong	Yingshanosaurus
Brachiosaurus	Irritator
Atlascopcosaurus	Stegosaurus
Cetiosauriscus	Jobaria
Tsagantegia	Yangchuano-saurus

Dinosaur Word Search 9

Find all the dinosaur names listed below!

```
S  C  E  D  M  B  E  A  L  E  C  T  R  O  S  A  U  R  U  S
N  U  G  R  Z  V  L  C  C  E  N  T  R  O  S  A  U  R  U  S
W  U  L  G  G  O  S  R  D  J  V  U  W  P  G  H  J  H  U  Y
E  U  B  K  I  P  A  O  O  T  L  R  Y  O  V  L  F  R  A  N
B  B  F  E  J  O  T  C  I  I  Q  M  X  F  L  Y  U  T  U  A
K  L  L  W  G  R  V  A  G  M  L  G  Z  K  K  A  F  U  H  G
A  S  A  K  C  H  U  N  G  K  I  N  G  O  S  A  U  R  U  S
M  N  R  A  G  J  C  T  V  V  A  L  D  O  S  A  U  R  U  S
G  G  C  Z  V  A  K  H  U  P  C  F  N  O  U  O  J  D  C  L
H  B  J  H  G  C  R  O  K  D  S  I  B  T  U  P  X  U  K  U
P  W  P  Z  I  A  F  S  M  L  P  Z  Z  H  P  Q  S  C  L  R
D  R  H  K  J  C  Y  A  X  S  D  Z  E  N  V  C  G  T  F  D
U  X  U  R  P  X  E  U  Z  J  C  W  V  I  Q  K  G  N  A  U
S  B  H  X  D  A  R  R  H  I  N  O  C  E  R  A  T  O  P  S
I  N  K  M  S  T  P  U  A  U  F  C  F  L  R  T  E  R  V  A
B  M  N  E  H  F  N  S  O  T  I  N  X  I  M  D  D  B  Y  U
V  C  M  K  K  E  X  E  J  O  O  X  T  A  Q  Y  Q  B  V  R
F  Q  O  U  T  V  D  Z  W  D  E  P  W  D  R  B  B  H  V  U
Q  S  H  L  W  P  I  U  S  H  T  Y  S  J  W  W  Q  Y  M  S
M  D  C  H  J  K  O  B  S  I  F  X  V  S  J  C  A  I  N  T
```

Othnielia   Acrocanthosaurus
Alectrosaurus   Chungkingosaurus
Valdosaurus   Spinosaurus
Lurdusaurus   Centrosaurus
Anchiceratops   Arrhinoceratops

Dinosaur Word Search 10

Find all the dinosaur names listed below!

```
S  Q  W  U  T  X  S  D  N  C  S  J  O  E  N  V  T  W  U  X
O  Y  L  V  I  G  P  A  K  G  I  F  N  M  Y  U  L  A  X  J
W  O  J  C  B  F  M  S  E  Y  C  T  G  Z  X  E  D  E  Q  Q
X  K  X  W  R  I  P  P  F  J  Q  M  I  A  F  L  U  S  N  X
J  Z  G  N  A  L  T  L  Z  R  J  E  R  P  P  M  C  C  S  P
J  V  H  X  C  A  D  E  B  B  G  I  A  A  A  M  S  U  M  A
Y  N  H  H  H  U  K  T  G  T  E  K  F  D  L  T  R  R  Y  R
F  Z  L  Q  Y  N  X  O  E  O  K  R  F  J  D  U  I  X  R  A
J  W  H  T  T  E  X  S  N  N  Z  A  A  M  A  S  V  W  H  S
B  V  I  E  R  N  L  A  E  L  O  J  T  S  F  V  C  U  S  A
D  Y  I  U  A  L  O  U  K  K  P  N  I  A  J  M  K  M  Q  U
L  Q  L  M  C  A  E  R  P  I  V  V  T  S  B  M  Y  Z  L  R
H  E  B  F  H  G  Y  U  F  K  L  B  A  O  S  S  E  K  M  O
S  B  M  W  E  I  U  S  Z  I  O  A  N  T  S  T  I  Y  F  L
J  H  H  Y  L  A  E  O  S  A  U  R  U  S  G  A  G  I  Q  O
K  Z  H  V  O  I  G  L  H  G  F  K  Y  T  I  T  U  D  Q  P
U  G  E  S  -  Y  L  K  A  O  L  S  G  T  W  C  V  R  L  H
J  N  Z  N  P  K  F  D  N  P  I  S  I  Q  V  A  Z  F  U  U
C  S  N  A  A  B  Q  R  A  Z  O  T  K  Q  A  S  K  D  O  S
M  J  V  T  N  Q  G  O  G  C  P  J  G  D  U  T  K  S  B  R
```

Parasaurolophus   Hylaeosaurus
Unenlagia   Giraffatitan
Silvisaurus   Tenontosaurus
Brachytrachelo-pan   Citipati
Shanag   Daspletosaurus

Dinosaur Word Search 11

Find all the dinosaur names listed below!

```
X W O N O I P P E C S J F B Z E D C D E
T K H X I L C C P Q L P E K V R U A Y N
E K B K M S E C E R N O S A U R U S T O
T W N Z M A V A C E R A T O P S U L Y B
W T H M P R M F C F N A N R C R F V R F
I J C E R H O E T O S A U R U S P A A J
J W I O O P D D N F J S K A D J C D N V
V I R J N T M N B C H Q S C I W H S N Y
C S I M O N O L O P H O S A U R U S O Q
O Q K W I H J U R W T I G F H I H J S Z
V D W B M H M A X N N L S R F G J V A E
H R G M F L C T E K L K W A A O Z J U Y
H P M P B J X R W L U X C M U Q X K R D
T O R V O S A U R U S A Q C M R Q R U T
H P A N O P L O S A U R U S C W U B S E
W Y M I P G Z T I O G I I Q U R E S - Q
X U N A M P E L O S A U R U S L W N R J
H M L Q Y S H Y M W S O V L U G R D E C
P U I T V V A O R F B O S Z L D B U X I
V P G H V M Y G V T W R D K J H S B N Q
```

Ampelosaurus

Secernosaurus

Mamenchisaurus

Avaceratops

Rhoetosaurus

Lapparentosaurus

Monolophosaurus

Panoplosaurus

Torvosaurus

Tyrannosaurus-Rex

Dinosaur Word Search 12

Find all the dinosaur names listed below!

```
Z F K S Z D N G S X O A G L I O Q H S E
I X I H B K K B Z Y V Y N A B C C U R P
A J F P V O N I J S M R T C P W R B Y A
R X J I O B N I X Z B A E J F U W P Y C
Y T B T U S H E Y U A N N I A A S P P H
H E T J R Y C L F I S V D S R B N I R Y
O H J N D L W M R X H X O X G C Q N I C
V M G D D P J H O M A L O C E P H A L E
C C X A N X C U S O A C F K N Q F C L P
W I G S T Q F N C R S J Z Q T U K O O H
Y C E R A T O S A U R U S Y I H L S F A
L J P O D P J V W F R Q B M N K V A W L
X Q L X K Y V D Z X E N O O H M U J O
T F K Z D Q B V S F I M S S I P R K -
O R B I W O V M N B M L Z R A F H U P S
T H W V Z W B A R A P A S A U R U S F A
T Z J B R T J V U N M P W F R E N F K U
Y G A R G O Y L E O S A U R U S L P S R
Q K Q K P T K L U L S L H I S M M D T U
E G Q L E Q K J P T R L A K Q A I Y L S
```

Pachycephalo-saurus
Heyuannia
Minmi
Argentinosaurus
Ceratosaurus

Pinacosaurus
Aralosaurus
Barapasaurus
Gargoyleosaurus
Homalocephale

Dinosaur Word Search 13

Find all the dinosaur names listed below!

```
L K P Y C V W J O Q J Y H O I B T X Z G
T H E V G I R U P R E F W B U E T D U S
Q R Z U R B A C O D O N U F N B R T V W
V B L L O K O S B D E H G H F F S F I T
H E D C U P F I G A H H Y B S I H A A
U U I A A E L N K R F D P S Y N N L I L
T P X N F U T O N Q B R U P T A O E C G
C C M O R Z G S C F H L L K A X C E I Q
Y A F D O G S A P E Y Y W N R J A E Y N
N K S O V D S U S D P D G P B Y L A N M
N F B N E A R R N O S H T L O D L O Q W
L X L G N F T O T X S N A M S R I X S H
E A C A A Z P P Z R T A E L A J O W V D
R K N J T S Y T T W S V U S U Z P J F G
P Y B O O E H E C N S I D R R S T P Q E
R S B S R J K R C N A C S U D E W O I
I D S Q T S C Y V C V S O B S S R D R F
G A J D R B D X Q Q Z Q E C Y Z Y V B L
M N F K E M V X C W P G R W N Z X V V
O P I S T H O C O E L I - C A U D I A J
```

Afrovenator

Massospondylus

Vulcanodon

Tarbosaurus

Urbacodon

Sinocalliopteryx

Euoplocephalus

Gasosaurus

Sinosauropteryx

Opisthocoeli-caudia

Dinosaur Word Search 14

Find all the dinosaur names listed below!

```
A D A L P G U Y F G R Q U B X A R Y S D
F J B Q Q Y P K W H Z N V G S X Q B G U
F M E T B M N Y L L H I M H R B R B J V
Q R J C R Y G E U O I A K S P R Y X T E
A E D A V I M I M U S A U D Z O Y N G E
E A V G A G C Q D W J R F U S S I S J C
L X S U J R U E H M U B F R U P N J N A
T Y Q J H E D D R A I B U R C B J Y F W
K N E M E G T O S A U R U S H R B O R G
T W Q J X O U E N A T A P A O P M W F B
J B Z W U G U T J Y S O S O M T X O W J
G Y M V E B W T A O X B P H I M T K D T
A E O N A B S E M M J R G S M H X W A I
Q Z A G Y Q A S I C D R A L U B I U N B
W Q I P S J A S E K V R X X S H G N Y X
Z L T Q N H T M A M L Y B W M H D E O E
E L H G C I Y L O U E G T K U W E B O B
B E I P I A O S A U R U S P E A H K D E
T H I X O O T I D B C U R Q R U E Y O F
S A D F R K L I L I E N S T E R N U S S
```

Beipiaosaurus

Triceratops

Liliensternus

Avimimus

Aardonyx

Nemegtosaurus

Chasmosaurus

Suchomimus

Ligabuesaurus

Nqwebasaurus

Dinosaur Word Search 15

Find all the dinosaur names listed below!

```
Y S D T N A N S H I U N G O S A U R U S
B A H W U U Q G R Y Z X A U S V L V P I
J I R F M U S S A U R U S E G O P K O K
X O U C S Z H J I Z E O T Y R A N N U S
W J D W H X J A A Q K S O H E J D C O T
Q O A K X A N N S L E G N J T R Z Z S N
L W N P M S E K Z L H E I Q D H G F H U
A Z O I T Z K O O L J Q A K R A H I R K
P Q C X N O T H R O N Y C H U S H N C A
F O E C T W T J L N F A C Y R Z Q Z O A
K F R H V I I T Z A I V Z T R P H Z H X
Y D A A N E W R O A E T E Q X J R R T Q
C W T R W H G S L O C X H X Q U P T C Q
T B O P N U R J V F Q D D O C R E I Z A
N K P Y C Z R G R P U U R K - K O W V S
X P S M G W L N B B P O I M K M S P Q T
C J Z I Q C V W F W P E V G O G I H Z G
S C A M A R A S A U R U S T E C W M B X
B R I U C K B B T R M N V B V U J Q U O
X X G S J A B F L M W X P A M Y S B E S
```

Archaeornitho-mimus   Eotyrannus
Harpymimus   Gastonia
Ornitholestes   Udanoceratops
Nothronychus   Mussaurus
Camarasaurus   Nanshiungosaurus

Dinosaur Word Search 16

Find all the dinosaur names listed below!

```
E Q V D Y P F P S V M X A A A T O Q P X
S K F O J U R D F M Y Y S F W R I R A G
U Z N S D I P Y L A R I P U B U L G T D
Y B J G O U R A N O S A U R U S X N F V
D J K X P I C S W M L B E S R H F U P I
Y D C F G B X W I T S Q H U P A D U V C
P U T F G A R J X A V S Y F N K D L H
F G R U B C R D J R E D M O N T O N I A
Z S A K S H J U C C P R V Y K U X P Q A
W B H U A I U E D H H F F X C N I M V M
K W C I U N T Y F I V A G H G G I G A T
O H U S R D N L L A M D Z X W O W E T U
Y B P A O E T E K B H I D S Q S K F V V
Z N W U P S A E M J U N M H Y A K B H W
F X C R E A B B G I G R O U B U P R G D
E C G U L U P H A J Z V Z V S R H L D N
R J D S T R U T H I O S A U R U S D F C
G O J D A U P N T W I Y P U U S C R J V
D L Z W V S X G C T V E T I Z E Y L M E
X Q T C A T H N R W J N I A M D V F R D
```

Chindesaurus   Edmontonia

Shuvuuia   Garudimimus

Sauropelta   Struthiosaurus

Tarchia   Fukuisaurus

Ouranosaurus   Shantungosaurus

Dinosaur Word Search 17

Find all the dinosaur names listed below!

```
T C W P I B X Y I X O T V M H C W H Q R
X T M K C N C B S K F K M U Q R C B B R
P Z R W W H T S Z G J U G K X A Q M N U
V Z E V F X S P D H B W Q Z U F Y B Y B
I E R P N U U L J B M S A L D B W Q A Q
O S L H A S U A U U E S I Z S W J G P O
I J I O Z M B T Y B S Z N P T S W H A A
G E K S C G M E P J F Y G H R E H S K U
U C O N A I S O C F L W V R W A U A R Z
S W S I C U R S S K A B X X S R P L T N
Q T A X J Q R A C A L C V Q U Q D T X X
C B U N L K E U P O U E H A O K Q O O Q
J Q R D G D K R S T M R S C B H P W R
Y I U C G T P U B B O O U P I A O U Y K
Z Y S N L N O S E F N R B S I A D S G Z
Z Y V S G E B W I N F C E I D N K Z G N
H C K F D H P Y A Z N W J U V B A D G R
T J V E N C C R U W J D J D F Z O X W E
P U V N D H Y E N A Y K H D F W Q F X S
C P H C J T L G V P K Q K G Y X N M Z F
```

Saltopus   Becklespinax
Tyrannosaurus   Plateosaurus
Sinraptor   Isisaurus
Ammosaurus   Velociraptor
Khaan   Erlikosaurus

Dinosaur Word Search 18

Find all the dinosaur names listed below!

```
C  K  I  K  Z  W  F  B  F  U  P  P  N  Z  T  G  Q  G  B  E
Y  R  D  X  D  F  F  C  L  C  Q  I  B  R  X  V  T  V  X  T
N  O  S  T  A  U  R  I  K  O  S  A  U  R  U  S  A  B  D  P
K  P  C  Z  O  T  I  Z  U  U  L  G  K  H  U  Q  D  Q  C  D
H  O  V  C  X  N  U  J  R  I  Q  J  R  B  T  N  U  Q  S  Z
C  O  N  F  U  C  I  U  S  O  R  N  I  S  L  O  X  U  Z  C
B  X  L  P  I  O  A  C  D  J  X  X  Y  W  B  O  R  N  F  H
M  T  J  A  I  S  G  R  Y  P  O  S  A  U  R  U  S  K  U  U
E  R  P  R  O  -  C  O  M  P  S  O  G  N  A  T  H  U  S  B
T  Z  A  T  E  F  O  G  I  M  Y  Q  I  S  E  G  G  E  G  U
L  U  A  D  X  L  G  E  M  A  U  S  A  U  R  U  S  C  T  T
Y  P  U  N  Y  S  M  R  K  R  U  R  C  D  F  S  I  R  O  I
A  P  P  W  X  P  R  O  C  E  R  A  T  O  S  A  U  R  U  S
I  N  D  W  C  Z  A  B  T  U  I  T  X  K  G  U  T  J  T  A
M  Y  X  M  M  E  B  B  B  S  L  M  I  W  Q  F  W  Q  H  U
K  C  Q  N  R  I  X  A  M  J  G  U  M  N  X  E  W  D  Y  R
Z  W  S  T  R  U  T  H  I  O  M  I  M  U  S  A  Y  V  B  U
G  O  P  L  L  T  D  R  O  Q  N  J  H  C  Y  H  O  O  A  S
V  U  G  G  U  X  O  D  A  M  H  W  T  G  L  G  P  H  C  T
M  A  F  M  P  G  W  A  O  X  T  F  Q  K  H  Z  D  A  U  A
```

Emausaurus	Gryposaurus
Staurikosaurus	Pro-compsognathus
Confuciusornis	Apatosaurus
Chubutisaurus	Proceratosaurus
Struthiomimus	Muttaburrasaurus

Dinosaur Word Search 19

Find all the dinosaur names listed below!

```
L C B I Q G C W H M K U P Z H C D X Z O
B Z X X Y M L R K Y Z K C S A W D X Z I
T S U T Y U I I C S Q O U P T V I Q T N
R Z M F D V N E P R Y R H C I L P U S Z
Y J K D F Q S N Q V U E W X E C L R D J
Q O J X N D P X A A Q E H P K B O Z J W
V P U M F Q H A S N P G O V J Y D Z H M
Z S U Y L U P I K U O N M U T N O N B J
H P T V V A D A B M E S W R D A C G Z I
R R U Y R A X I T K R A H P C U O U P
L B D A R S R D S A I G R U Y F S N N D
Z F A O C A D U L O L B D U R A C Q I E
K B L R N H C F O A O I J W Y U M X C Z
Q O S M G N Y O C Q P E T M H C S B E K
C X I Z Q B Y W S Q L G R I G X L F R R
F E I O O K L I T A E O R B T T W F A F
E J A X A R T O S A U R U S D A D C T A
W I K Y D A L U Z P R R N W Z Z N I O Z
N N A M A G B J X D O T U B M B U H P D
Q I W Y Q L J Z E I N I O S A U R U S N
```

Jaxartosaurus

Paralititan

Poekilopleuron

Zuniceratops

Coloradisaurus

Yunnanosaurus

Einiosaurus

Styracosaurus

Stenopelix

Diplodocus

Dinosaur Word Search 20

Find all the dinosaur names listed below!

```
L  J  P  K  H  G  I  L  K  O  H  N  F  G  X  C  X  F  U  X
C  D  H  I  K  G  C  N  G  D  A  U  J  P  A  H  I  Z  A  H
F  H  Q  Q  H  R  X  J  V  F  X  W  J  B  D  N  S  I  L  C
H  Z  B  E  U  E  G  O  N  E  P  G  Q  U  X  U  N  X  B  C
P  Q  L  N  A  Q  N  W  H  I  J  G  Q  T  R  F  O  C  E  O
R  F  A  A  G  B  M  M  J  T  E  S  U  U  P  P  A  D  R  R
Z  M  M  M  C  V  A  N  C  H  I  S  A  U  R  U  S  C  T  Y
Q  M  E  W  M  V  A  X  U  Y  N  S  O  K  T  E  A  X  O  T
R  O  D  Z  D  G  M  U  B  S  O  T  G  H  A  O  U  E  S  H
G  T  Z  W  D  K  O  C  E  T  Z  R  J  W  U  L  R  K  A  O
T  H  B  E  J  B  V  V  P  Y  A  N  D  U  S  A  U  R  U  S
I  C  R  V  D  R  C  Y  E  T  O  S  S  N  T  M  S  F  R  A
N  R  G  I  J  O  G  J  D  I  U  K  B  A  R  B  U  R  U  U
O  W  F  J  I  E  K  X  F  H  G  W  Z  Z  O  I  G  C  S  R
Q  D  X  O  A  T  K  X  B  S  G  O  F  U  S  A  W  K  C  U
Q  H  N  E  S  N  J  E  V  Q  L  Y  C  M  A  P  K  X  F  S
D  H  E  O  R  Y  C  T  O  D  R  O  M  E  U  S  M  B  G  R
V  N  D  U  F  C  I  X  E  G  R  L  B  J  R  D  T  S  T  D
Y  Y  Y  F  Q  D  H  P  T  D  X  E  G  G  U  N  X  Z  G  K
Q  N  C  B  X  T  U  O  J  I  A  N  G  O  S  A  U  R  U  S
```

Oryctodromeus	Eolambia
Austrosaurus	Anchisaurus
Yandusaurus	Aegyptosaurus
Albertosaurus	Corythosaurus
Tuojiangosaurus	Noasaurus

Dinosaur Word Search 21

Find all the dinosaur names listed below!

```
Y  N  Q  B  T  H  K  H  L  U  G  H  S  C  G  Y  E  E  X  U
C  A  R  C  H  A  R  O  D  O  N  T  O  -  S  A  U  R  U  S
T  H  E  C  O  D  O  N  T  O  S  A  U  R  U  S  Y  E  U  D
H  O  X  J  E  Q  Z  W  C  D  L  N  Y  A  G  B  B  R  N  T
W  I  P  Q  D  E  N  K  X  B  X  S  Y  J  G  U  U  J  J  N
V  Y  G  R  L  M  Y  D  D  G  E  E  G  R  D  A  D  K  B  B
V  N  Q  K  S  E  T  W  T  T  X  R  Y  E  S  T  E  D  Q  X
N  F  P  N  F  W  S  R  N  Z  Y  I  J  I  E  F  N  X  T  O
I  F  Z  W  T  C  I  O  D  C  M  M  L  Y  O  A  I  Z  J  M
B  A  Q  T  Q  Y  N  U  T  N  W  I  Z  W  D  L  G  U  M  A
P  N  Z  E  P  L  T  Z  E  H  G  M  T  E  K  C  E  N  B  R
G  H  Q  N  P  W  A  J  O  A  O  U  M  H  V  T  R  V  J  S
Z  Z  P  R  I  P  O  D  O  K  E  S  A  U  R  U  S  P  X  H
L  O  V  J  Y  B  S  V  P  F  W  A  H  M  Q  A  R  F  O
Q  V  X  D  A  A  A  C  H  E  L  O  U  S  A  U  R  U  S
S  J  W  P  Q  E  U  U  O  T  T  X  D  U  R  S  R  V  D  A
R  U  N  R  W  C  R  Z  M  J  T  I  U  Z  V  U  U  L  M  U
W  K  W  M  N  I  U  L  R  C  A  L  D  J  I  V  S  Y  K  R
M  E  C  Q  J  D  S  P  K  J  G  X  W  A  P  X  H  L  H  U
J  V  I  P  I  J  V  P  W  Q  W  C  A  X  J  J  M  R  I  S
```

Lesothosaurus

Achelousaurus

Marshosaurus

Nigersaurus

Agilisaurus

Thecodontosaurus

Carcharodonto-saurus

Anserimimus

Tsintaosaurus

Podokesaurus

Dinosaur Word Search 22

Find all the dinosaur names listed below!

```
C N R F Z J Z M K Q S Z I R L P D E R R
Q B K D S W I F Y R E R D S B O E O C K
W A A W Z Q M A L V A R E Z S A U R U S
Q K P Q A S P N E B C O N C A T N S P E
M A W Q Q M W L O B G V P A N D B O K G
S V J A M C Y Q N Z L P B E A J T C M I
I K Z U W Z N G D C Q I R R O A H B P S
K L R I X E R P D Z Y G C K R Q E K S A
V M B W S C S C A A E H O E S S S S O U
I F Y W T Y Z Y W R L E C T Q U C A N R
I B F I Q L A N T J K O C U I P E U I U
P O L Z L I M G E D T S D P P E L R D S
Y S D E H D S O Q P W T O O V R O O O N
U B R D T U J F E X J H I S N S S L S Z
N P K Y L E L L P K X H V F A A A O A Q
R O R S V Q L R H U C K J G J U U P U B
I W W I P C E S L O J X J D K R R H R H
N D S R F R M R N V I P V A V U U U U F
G I O L Z X A O K Z G H G O H S S S S D
K U X F N S W R J E V U T O W K S E R B
```

Erketu

Leptoceratops

Sonidosaurus

Thescelosaurus

Segisaurus

Parksosaurus

Saurolophus

Supersaurus

Alvarezsaurus

Amygdalodon

Dinosaur Word Search 23

Find all the dinosaur names listed below!

```
E L N A X P T J B N B L Y M S S J T G I
B I J F X A O B E D J G U U C B J V R
I Y A Q G C C X L D X J R L P U D T K C
G L I X A H V X L Q G U W M W T N H N O
L S P H L I D K U S A P G D E E F M V M
Y X K Y L L G Z S S J T M S D L A U S S
D E F K I L W K A V Z X U O M L M H S O
V C T Q M O L B U U U R Y P O O M O B O
E S G P I B I M R K U S O L N S B T I B
A M B J M A Y R U A L N N T A Q S K J
X Y F P U T S V S V W Q O H O U Q Z W
Z Z K G S O B O Z H J D U H S R X F N X
N C R B N R T E D N O U J W A U I Y N F
J E K Z E P H Y R O S A U R U S K Z V N
L C P T Y C A C R Q H J F X R I T Z F C
T W I R F Q O T S A U D L C U M V O C Z
R O D R Y O S A U R U S L U S C D K D C
M D B E M J Z I Q D M I V O X T I W R N
U O Q V J B L U I R S Y B N B P Y P R B
D E E L P R W Z O B T G S Q H Y M G V K
```

Troodon

Edmontosaurus

Dryptosaurus

Dryosaurus

Scutellosaurus

Achillobator

Gallimimus

Guaibasaurus

Bellusaurus

Zephyrosaurus

Dinosaur Word Search 24

Find all the dinosaur names listed below!

```
Y U O E I I I H D Q F U K L E B A U A Y
M D F L P G W B V Z Z A R C S S O J X Q
V J E G G I X B F Q R M A V M Q I T J Z
Y M G I M H E P N R S T Q S C E E O F Y
T C S D N E Q K E M Y M F F M J Y E K Y
D H O U X O Z C I S J A A K N X A U X Q
H E E B B C N V G G G S U I W V I U G K
H S F R I U P Y L H U I E B A P R G W J
I P U E I D D O C N D A S A O S X K H D
X E D U E Z A G L H T K N P E V A I C F
E R C I P M I C T A U A P O S K W U Y X
Y O Z L T I E N E C C S F W D K U B R Q
N S E L Z U W C O N B A A B G O P Y L A
O A F O G Z F A L S T U N F A F N E N K
K U C S P M R K D L A R B T I U U V I U
Y R V A R K U W P W Z U U W H F T P L N
Y U V U H L R Y K P O S R R E U V Z N W
M S F R J S Q G F N T S O U U V S F Q P
M Q N U A O R O D R O M E U S S O J Z N
J Q W S N G D G Y X C A M R V B Z E I L
```

Maiasaura

Orodromeus

Polacanthus

Iguanodon

Deinonychus

Therizinosaurus

Dacentrurus

Dubreuillosaurus

Hesperosaurus

Masiakasaurus

Dinosaur Word Search 25

Find all the dinosaur names listed below!

```
Z Q O S Z N A Z A X X O R D Z U X L S Q
D I T C S P J F O Q Q N I S P V D N E S
Y X C E Q Y J N Y I M E N O S A U R U S
R X L L V C N M S L X T G U Y Z Q R I M
I K D I C R A E O S A U R U S K U O W C
H W G D T M U O N K P U J E X A L U T O
C A Q O G S C W P F A I P P S H N Y Z V
V D Y S O W U Z Y S T X K O J W T B E O
T U I A J M X P O J A F H Z S R O E F Y
F W L U F C E N P Q G P U U S H A S G J
I S A R V D O I D A O W R N F O B F O M
Y Z F U G P V T S L S U Y E M L N Y Y P
Y Z C S P A J F I A A G B M Z V K B O E
C S R I W E X D D S U S V N B F Y K C D
F O N H E O B X O K R R E F V Y L L E Z
J V U O W M V C P J U B U M G D P Z P D
G V X G K N R F N C S F H S N Q I Y H R
G V D F L A K O R K Z Y D B V T V E A B
O D G A S P A R I N I S A U R A O E L P
W P G L Q F I Y A C U Z I L U S W G E F
```

Sarcosaurus	Omeisaurus
Dicraeosaurus	Dilophosaurus
Patagosaurus	Goyocephale
Yimenosaurus	Scelidosaurus
Gasparinisaura	Nipponosaurus

Dinosaur Word Search 26

Find all the dinosaur names listed below!

```
H  I  R  W  V  J  R  Y  I  T  L  A  S  G  O  H  S  E  Y  T
A  N  E  U  Q  U  E  N  O  S  A  U  R  U  S  O  G  U  O  S
J  C  A  M  P  T  O  S  A  U  R  U  S  B  U  U  Z  R  P  B
P  A  T  D  Y  D  W  H  L  U  N  P  B  T  P  J  J  O  P  Q
F  T  C  S  G  R  N  Y  A  I  T  Z  Q  C  A  K  T  P  Q  I
I  Z  H  C  D  B  S  S  A  H  L  E  Y  U  Q  A  E  A  Z  L
D  O  F  Y  X  A  O  M  U  C  P  Z  U  D  R  H  V  S  L  O
P  R  O  T  A  R  C  H  A  E  O  P  T  E  R  Y  X  A  R  L
C  H  B  J  O  O  H  O  C  G  A  B  C  K  U  M  P  U  E  I
S  O  Z  L  E  S  Y  M  E  R  Y  O  L  N  X  S  C  R  I  A
P  T  E  M  A  A  P  H  R  J  E  A  C  Q  E  O  M  U  F  O
X  P  N  Z  P  U  A  V  C  A  O  H  R  R  M  C  N  S  L  C
V  O  M  P  L  R  U  L  H  I  Y  T  X  O  I  M  J  M  J  E
Z  J  A  Z  T  U  X  C  N  H  R  H  G  B  S  L  V  O  N  R
T  G  N  O  E  S  R  O  C  S  T  P  P  G  S  A  S  I  S  A
C  Y  R  C  C  A  O  R  Y  A  E  Y  E  N  K  W  U  C  F  T
J  O  G  W  X  F  L  H  H  F  E  I  H  P  Z  Z  N  R  Z  O
N  D  L  L  F  O  O  O  Z  Q  Y  E  J  T  M  A  J  D  U  P
C  W  E  T  F  V  U  I  B  A  G  A  C  E  R  A  T  O  P  S
N  Q  S  O  Y  E  Z  K  J  Y  T  X  I  R  H  J  F  V  I  D
```

Barosaurus	Protarchaeopteryx
Camptosaurus	Pelorosaurus
Bagaceratops	Magyarosaurus
Archaeoceratops	Europasaurus
Neuquenosaurus	Liaoceratops

Dinosaur Word Search 27

Find all the dinosaur names listed below!

```
J  I  D  L  Z  N  Q  X  Q  A  X  I  H  R  U  H  X  U  E  E
J  P  E  G  Z  C  R  T  N  Z  M  X  D  G  H  X  H  P  F  S
L  E  A  E  L  L  Y  N  A  S  A  U  R  A  H  F  H  Y  L  M
H  E  R  R  E  R  A  S  A  U  R  U  S  Y  G  X  G  B  E  Z
A  H  U  D  X  M  X  R  W  W  J  U  R  O  Z  F  B  J  X  Z
H  P  L  W  D  H  E  G  U  N  R  D  K  W  H  X  H  X  C  Y
N  T  K  D  I  C  M  W  L  U  V  Q  K  M  H  X  X  Z  G  T
P  O  E  D  O  M  O  X  A  C  Y  U  L  A  C  T  H  C  C  C
W  D  P  G  E  H  N  S  P  B  C  L  I  Q  V  I  F  G  N  W
A  E  E  S  N  E  O  V  E  N  A  T  O  R  J  Y  U  A  W  I
E  T  O  L  K  T  N  S  X  D  U  M  K  E  V  A  W  R  P  I
S  Y  S  V  A  W  Y  B  T  T  D  O  B  X  E  T  C  P  O  S
E  H  W  M  H  H  K  Z  T  D  I  B  P  I  T  A  S  Y  A  K
M  A  L  I  O  K  U  K  F  Z  P  E  V  O  R  L  L  Z  N  G
Q  E  I  O  R  A  S  N  E  O  T  K  Q  P  U  A  R  G  C  I
T  U  S  D  Z  A  L  M  O  X  E  S  K  D  T  R  P  A  E  H
Y  I  R  M  S  O  T  Q  U  Z  R  L  E  H  A  U  X  T  H  L
Y  Y  V  P  N  T  C  M  U  T  Y  W  C  C  W  R  H  J  O  J
B  F  M  C  S  B  V  E  X  G  X  Q  E  N  S  U  F  C  S  R
V  C  J  R  L  O  P  Z  Y  V  W  N  R  C  E  S  U  X  Y  R
```

Caudipteryx	Zalmoxes
Stegoceras	Mononykus
Neovenator	Leaellynasaura
Talarurus	Telmatosaurus
Bambiraptor	Herrerasaurus

Dinosaur Word Search 28

Find all the dinosaur names listed below!

```
K Q H O H Z W P D K M N F S G E D T B U
E Y C Q K R X Y Y X U H Y T O L K C T W
P N Q D R Y L Z I A M J I T R X N E P T
I H H Z H W W K A Y S J N C G S C D V Z
H N G L R U J M A R R C L Q O L P A F A
G M E T R I A C A N T H O - S A U R U S
S A C C M X N Y S Q F C N T A F C P W Q
Y Q K M J H E D A D B W G H U P I E U G
Z L T S C K N R O N Z T N K R V P L F O
T U P V M R S U F S G S Q Z U P Y T G V
W P X K G R C A N Z U O L Y S Z X A W C
N S X N C M H A M I O C S E G A B D V S
S Y R U X E I Z X T G P H A J N S X I Q
C G R L D J A V C P V C K U U Z M V Q F
G R A C I L I C E R A T O P S R G Y E H
Q N Y Q J F K L U F E N G O S A U R U S
C U W G X J Z X D H O P T A N I U S W S
H I W M T U U T H M Y D J M S T U U D K
A V Z V M Q N Y M Y R J I P I E B D Q K
Q J M J H U A M E J M U L L S M J B Z D
```

Metriacantho-saurus   Graciliceratops
Huayangosaurus   Janenschia
Yinlong   Indosuchus
Tanius   Cedarpelta
Lufengosaurus   Gorgosaurus

Dinosaur Word Search 29

Find all the dinosaur names listed below!

```
H C K J T L K H Y P S I L O P H O D O N
S D V B W H T W V I V Q O R P B P Q C E
Z W Q Y L W K T D Z T R D R S T B Q N J
Q M F B O Q R I K V L S R U G O P S B V
S Q H K W N I X P A N P R X B R R Z U Q
C Y O F Z Q T Y Y H S U E A P B A H K Y
M O Y Y M J O J E D A P L D T Q Y Q E N
Y E E Q S L S B V S I U A E N Q T A J M
P M G L H H A O O Z C G P I F Y C T F P
K M V A U Y U E L J H R N I T T B Z P
Z M P K L R R N I F A M R O Z W O Q H F
Q S K F L O U E O L N W O C R I Z P E J
J B S W M K S S I S I Z S H A T P O U O
T P N L Y E Q A G S A Y A E X O H X N S
H E I Q V D V D U Y E U U I R F Z F Q Z
U G R R P S G D K R U Y R R Y Q K E E O
N U H S P Y S Q T P U R U U J G Y R A C
Z C W Q H V L E T V X S S S S E E S T Z
C S E Y X J W Y A W C P T D W G Y O K B
H X F Z V O V C V M P X X J D G N C E P
```

Coelurus

Hypsilophodon

Saichania

Shunosaurus

Deinocheirus

Megalosaurus

Rugops

Gilmoreosaurus

Kritosaurus

Elaphrosaurus

Dinosaur Word Search 30

Find all the dinosaur names listed below!

```
L D A P G I Z G F P X U C A H U M F C G
T T I A T G F J Z P J N S Z O D D Y H Y
Y D S P K M A N K Y L O S A U R U S I J
F K W R S H L T W L T D T Y C C H J N B
Y S Z Q W I X X A L L O S A U R U S S F
Z X A I W N T B O J G S Z V J K N A H C
O V M U G F U T E B W A R P C T K R A V
N H M Q R R K D A X J U J F K S C A K G
X Y O W L O V J R C S R L V V M E G I X
Z U Y K L O P X T V O U R K Y D W O A A
K P A C H Y R H I N O S A U R U S S N M
Y P T R N W Z M A P U S A U R U S A G A
E Q U F W O R S M G K K L U H R S U O A
F S E A W G U R A I A X W L R F L R - Y
Z J H Y J I N G S H A N O S A U R U S C
O Y D T F Q M P Z E H W A T M U S S A R
Z D X V C F N Q U H G Y M X M X J U U X
Q T B G R P I C B E Q Z S T Q G Z F R J
C A I L M Y Y J N C M G X C V V A Q U S
M I N Z E J A U P M H G M S A R W I S I
```

Ankylosaurus

Allosaurus

Pachyrhinosaurus

Saurophaganax

Aragosaurus

Psittacosaurus

Nodosaurus

Mapusaurus

Jingshanosaurus

Chinshakiango-saurus

Dinosaur Word Search 31

Find all the dinosaur names listed below!

```
N R A R H P R O T O H A D R O S G X H T
S I Z W Q H G Z M E L Y O N I A Q E H C
C Z V Z D S L L P W E T H S Y L S S Z H
B W N M P H D S L L P Q Y C E T R H H M
Z A V E B J E E Y A M H U T O A P A O L
A L Y L A A T F R E P W R I C S P M A Z
K N K A R X Y O A O D Y Q V J A M O D P
O U I N Y P H C L Z Z S R R A U M S I B
L M D O O C P E I X F I E U L R B A N B
V Q P R N K O M K P L L E K V U H U O O
D Q I O Y C I S M X W N N A I S H R S Y
H H C S X J Z X N H I J I F H L B U A Q
G B I A I T T O Z W C Y E Y D B J S U D
C Q E U D U K X T H U H Z C K B V G R G
L S P R O S A U R O L O P H U S A O E T
H N X U Z I I F I Y C F U W M M R K P L
Y H A S T R W I S W P R D N L L W H M Y
L Y P Z B A F H Z U U U I K C G M H T G
C Z Q I S G Y R I L P E E L E N J H Y T
L P J Y C U J S K F Y P N G W L I G G U
```

Equijubus   Saltasaurus
Melanorosaurus   Coelophysis
Conchoraptor   Protohadros
Baryonyx   Prosaurolophus
Shamosaurus   Dinosaur

Word Search 1 - Answer Key

```
Y H W V C H K N G B V I A K W Z F R D J
Q P O R M Y N I X B K X T P Y N S P Q
D D J F O N L Y S G J P L I L X J J S F
I E U C P F R X P L U V O Y L M B N C G
M F J Z M O P R L B P M W F P F R G
I J K V A N E O Q X A Z H D S U A U Y C
H Y Q X D I B J O R V F O U N Y N T O B
P L S G P R D D Q R E R R G Z B T V L A
N B M L V A W I U O N U H G I C Y X O C
H A T Q M N B P K Y E A I O F T N D C P T
R Z Q G J E X C N S T N T H E T R A H R
C K V X M L X N O U O V H H S X A A O O
S J Q W I I W R T Y R S O E O J C E S S
H W K Z J S C T T P W V N N A M O D A A
H T V A C A R N O T A U R U S H I V U U
V S F Q P U N M Q F K L V Y X B Q M R R
Q P N Y P R E N O C E P H A L E O K U U
C K H I D U X W Q T B D X X L I N L S S
B F W M T S N I D B W P Y M R D H L W T
L K C T R W W E H N X N O N E O K R B R
```

Word Search 2 - Answer Key

```
K E K Q J U B N F T D R E C C Z X Z C L
V Z G J U N H K Y W H C U B U Z B W R Q
D I O Z J I H R Y Z T H V Y P H V V K Y
B R A N T A R C T O S A U R U S V W N Q
O I O L J Q L J C B D O F J U X V P Y B
D O H M R D T O Y R N Y F Y P C U V T P
A U X L A A W O P Y B A P W S S S G M E
Y L P A U E A A R H R N I F Z L K T V N
K K A R N Y O I K O O G Q Z Z K P B D T
C Y L M O Y K S G L S S A H Y U C U D A
K P X A O T Q C A C S A T Q E J T J H C
Q N Y P F S O Y W U P U U R J T A A D E
I V C L S W A C R O R R G R O F J C K R
Y Z A L U C F U E A Y U U N U P J J P A
E X O A V X A Z R R M S S T H S H N T T
Q X V B L S D W F U A G Z W D P R E V O
A F O I I C H I R O S T E N O T E S U P
T C C B R Q S E N F K L O F S X A L H S
E W O J J M D I F A K L E P B Y H F Z T
Q G N F E J G P R U V T D F S O G N V I
```

Word Search 3 – Answer Key

```
M S F W P L W U W Z R I K I S I D Y P F
H U S L R S M Z G T E Z D J X P B Y L I
G N H N F M H C Z V T K E K F R F S Z T
F W Y X O D U R Z N S R L K R Q I S A H
N Y J P G N E M I U Q U T R R X B E G L
H Q N O M I N G I A U T A J L U I P G E
I S U W A Z G F L M A V D V H L T B U Z
X H V V R M P A G L E S R H A F Y B C H
X B E B C A A H N Z S E O A L U U P A X
S M M P H J K R E O I G M D I W A X R P
L X A U A L O B G H T N E R O O N V X Y
O K Q U E G E T X A O U O R E M Z Z I I
I J Z X O B B E E P S S S S A H O P H A
G V K C P I L B V O A A X A M F U S Q X
R D U K T L X L L B U U U U U P S D F N
Q S I G E U J T Z I R R I R S R A V W O
X T U L R U F L N U U U B U U V U X K I
P V T V Y Y C X L C S F S R S R S K I
W X J V X Y O X Q Q Y U K U D R N
I Q A E E O N W T R M R P T K X S O F D
```

Word Search 4 – Answer Key

```
L L A J L E U W V H O L M C S L P T S T
B P O F A R F Z G M G D U N P T V H C Z
X G K X P N R E B B A C H I S A U R U S
K B B R A C H Y L O P H O - S A U R U S
L T V S F B M W W R I O J A S A U R U S
U I U Y P O J A K Q Z M Y P I U R T W
V F R Q N H V E O N R N Y S B A T X B Y
I A C Q B W I E W K O M D M S B M F Q Q
E E V N U G R C R M M X Y - T B O K R J
F U K U I R A P T O R S O U E D U O L Q
W P C J E M P M N K C H S X C V T G V N
J J S Y M V T K P C T S T L M P M K S E
R H E T E R O D O N T O - S A U R U S
E T N A A K R O A Q I R H R O L Y R U K
S S J U R U B C U S B X O P I E X E B R
U W J R N Y O F C X V R E H N S Z Z M
H K M Z L L P E L I C A N I M I M U S F
I J Q A P D R O M I C E I O M I M U S Z
M J K A K G W X M B B E L P O W G Q K Q
C X H J E L W R E V L D J E I E C K L U
```

Word Search 5 - Answer Key

```
P R O B A C T R O S A U R U S H Q G J R
F K B J H C N N P M Y G N U H O N P V I
U I J C U C O O T L J M R L M N O N A V
F L H D K M E M R Z X U C G K M D E M I
L A H C Q Y V O P B A E C A L S Z D G S
H E N E J V F L U S E M N B W J S O Z M
E B N S T P M M O P O J I B R U O C F A
C Z R F Y Y E E C E C G R V R R T E I J
B A H T B H B R L N Z S N U R I A R P U
A N E U G M Z J N J R K A A A N Z A Z N
J Q C H A G R Y P H U S U T T C D T B G
N I A L H P G N R L A R N H Y H P O R A
B Q X W O T Z N R T Q I B H S E U R S U
C W X Y Y W B S O N W E A M R N C O G U
R E D C K X S K T F F Z E Z R I J Z G U
N Z V P O U P I B N J C E O R A P T O R
B S O H H L Z M Z W U J S R Z S V U S
C B E X Q A Q C N X P U A X O P R N I
Q R W O S X U O C A F K C W J I L H A Y
E B N Q E X B X K Y Z F U M E B H W N J
```

Word Search 6 - Answer Key

```
P U Z Z S X M B I F Y R Q E Y W Z D A E
R J K D E U H E L O P U S S G W Q M X Z
S W G Y U J D I N M Q A I U F M O C L A
C R T Q S L D G J W G L B V P A L F M F
V J F O T T R Q N N Q B Q X E X E L A Z
J F G B R K D S A G B B L V L A X O L Q
T T F L E J A C C Y N E S R Y K C H A Q
F G F Z P D K G M O M P P H C A S F W E
C X L U T A H R A P T O R A L L F E I Z
E D Z M O Q N H I Z T V P B F I R O S V
I M T X - X L N A F I A Q D A S R W A K
A G A W S I N O R N I T H O S A U R U S
E Y Q Y P G D P V G D Z M D N U C C R Y
M I C R O C E R A T U S L O H R C T U P
Y G S I N O V E N A T O R N I U N Q S H
I X K O D Y A U C A S A U R U S Q S Q K
W U Q T Y V R T C I O D Y O Y Z T E G G
G R I L L Q W H Y W O B V U L S B R R I
Y X E E U Z Y N J U Y L V U J L K S O I
A X N T S X N G S J N V X H C V I I C M
```

Word Search 7 – Answer Key

```
A V S E H O T E N Q E H W R R H Q R J K
Z O Z Q X G P U L C T U Z W I D K O H B
S V Y W B O R J W Y U E A Q C C E I Y F
L A W C H A Z Y C T C W E L O N N C Z P
W L U K O Y Z H H B L O L T L R T R R X
D B S R D A T O U S A U R U S S R F T U
Z E X Z O V V E K G Q X R H N G O Y J H
L R O U F R O O E Q C E N N I K S V K U
V T B L Q Y N E L C Q F V V U N A E L T
N A W G D K O I F L S I S R R X U V U N
W C R E M B U I T R E R A P T O R S T I
H E C S P J I N Z H O U S A U R U S J S
J R V Y S U C E T I O S A U R U S A O O
G A K H W A Y P L U K I T J A I Y M G G
U T N Z A R Y V S J N U D Y X X H G H M
J O I T Y L O C E P H A L E M U S V I H
V P Z S P I A T N I T Z K Y S A U R U S
A S X L M N F A P F S I A I O C R V N W
C U B M D Y U Z V E S J C W Z I P J M J
R G Q B T A I E G P D N U Z X Y Z L I O
```

Word Search 8 – Answer Key

```
F V Q A X G B P L E Y C G E C E V Y P N
M H T I A Q E Q L N A G S Y E Y S F U A
V L Y B V L N H W R N Y K V T R Q K E T
P G Q R W U Z V G O G U O W I N G K A L
J I J Z O S A U L T C L L J O S T V U A
W I U I L Y I N G S H A N O S A U R U S
P D Y Q Z G A P R A U Z L J A K O K L C
I G L Q X U F B W G A G L L U G B K A O
S O T Y G Y K R F A N K S A R H C J V P
S A C Y D J J A L N O P X D I K F T X C
N T I F S F E C R T - G W Q S M P Z G O
Y O E R K I U H W E S B G I C M D R A S
O D R G R P N I T G A R I W U N I C Y A
S O D M O I M O O I U K D N S B M V U U
J S Q F S S T S R A R P N E D D F A Y R
W H X B A C A A G W U E M D V A O H X U
A C F U X J B U T Z S R R V S P U P L S
X L N R C O G R R O L A J O T F N J R R
A F G C J B A U G U R B M I F K F J Q B
O B F K N X F S Q O S B V F D E T D I D
```

Word Search 9 - Answer Key

Word Search 10 - Answer Key

Word Search 11 – Answer Key

```
X  W  O  N  O  I  P  P  E  C  S  J  F  B  Z  E  D  C  D  E
T  K  H  X  I  L  C  C  P  Q  L  P  E  K  V  R  U  A  Y  N
E  K  B  K  M  S  E  C  E  R  N  O  S  A  U  R  U  S  T  O
T  W  N  Z  M  A  V  A  C  E  R  A  T  O  P  S  U  L  Y  B
W  T  H  M  P  R  M  F  C  F  N  A  N  R  C  R  F  V  R  F
I  J  C  E  R  H  O  E  T  O  S  A  U  R  U  S  P  A  A  J
J  W  I  O  O  P  D  D  N  F  J  S  K  A  D  J  C  D  N  V
V  I  R  J  N  T  M  N  B  C  H  Q  S  C  I  W  H  S  N  Y
C  S  I  M  O  N  O  L  O  P  H  O  S  A  U  R  U  S  O  Q
O  Q  K  W  I  H  J  U  R  W  T  I  G  F  H  I  H  J  S  Z
V  D  W  B  M  H  M  A  X  N  N  L  S  R  F  G  J  V  A  E
H  R  G  M  F  L  C  T  E  K  L  K  W  A  A  O  Z  J  U  Y
H  P  M  P  B  J  X  R  W  L  U  X  C  M  U  Q  X  K  R  D
T  O  R  V  O  S  A  U  R  U  S  A  Q  C  M  R  Q  R  U  T
H  P  A  N  O  P  L  O  S  A  U  R  U  S  C  W  U  B  S  E
W  Y  M  I  P  G  Z  T  I  O  G  I  I  Q  U  R  E  S  -  Q
X  U  N  A  M  P  E  L  O  S  A  U  R  U  S  L  W  N  R  J
H  M  L  Q  Y  S  H  Y  M  W  S  O  V  L  U  G  R  D  E  C
P  U  I  T  V  V  A  O  R  F  B  O  S  Z  L  D  B  U  X  I
V  P  G  H  V  M  Y  G  V  T  W  R  D  K  J  H  S  B  N  Q
```

Word Search 12 – Answer Key

```
Z  F  K  S  Z  D  N  G  S  X  O  A  G  L  I  O  Q  H  S  E
I  X  I  H  B  K  K  B  Z  Y  V  Y  N  A  B  C  C  U  R  P
A  J  F  P  V  O  N  I  J  S  M  R  T  C  P  W  R  B  Y  A
R  X  J  I  O  B  N  I  X  Z  B  A  E  J  F  U  W  P  Y  C
Y  T  B  T  U  S  H  E  Y  U  A  N  N  I  A  A  S  P  P  H
H  E  T  J  R  Y  C  L  F  I  S  V  D  S  R  B  N  I  R  Y
O  H  J  N  D  L  W  M  R  X  H  X  O  X  G  C  Q  N  I  C
V  M  G  D  D  P  J  H  O  M  A  L  O  C  E  P  H  A  L  E
C  C  X  A  N  X  C  U  S  O  A  C  F  K  N  Q  F  C  L  P
W  I  G  S  T  Q  F  N  C  R  S  J  Z  Q  T  U  K  O  O  H
Y  C  E  R  A  T  O  S  A  U  R  U  S  Y  I  H  L  S  F  A
L  J  P  O  D  P  J  V  W  F  R  Q  B  M  N  K  V  A  W  L
X  Q  L  X  K  Y  V  N  D  D  X  E  N  O  O  H  M  U  J  O
T  F  K  Z  R  D  Q  B  V  S  F  I  M  S  S  I  P  R  K  -
O  R  B  I  W  O  V  M  N  B  M  L  Z  R  A  F  H  U  P  S
T  H  W  V  Z  W  B  A  R  A  P  A  S  A  U  R  U  S  F  A
T  Z  J  B  R  T  J  V  U  N  M  P  W  F  R  E  N  F  Q  U
Y  G  A  R  G  O  Y  L  E  O  S  A  U  R  U  S  L  P  S  R
Q  K  Q  K  P  K  T  L  U  L  S  L  H  I  S  M  M  D  T  U
E  G  Q  L  E  Q  K  J  P  T  R  L  A  K  Q  A  I  Y  L  S
```

Word Search 13 – Answer Key

```
L K P Y C V W J O Q J Y H O I B T X Z G
T H E V G I R U P R E F W B U E T D U S
Q R Z U R B A C O D O N U F N B R T V W
V B L L O K O S B D E H G H F F S F I T
H E D C U P F I G A H H Y B S I H A A
U U I A A E L N K R F D P S Y N N L I L
T P X N F U T O N Q B R U P T A O E C G
C C M O R Z G S C F H L L K A X C E I I
Y A F D O G S A P E Y Y W N R J A E Y N
N K S O V D S U S D P D G P B Y L A N M
N F B N E A J R N O S H T L O D L O Q W
L X L G N F T O T X S N A M S R I X S H
E A C A A Z P P Z R T A E L A J O W V D
R K N J T S Y T W S V U S U Z P J F G
P Y B O O E H E C N S I D R R S T P Q E
R S B S R J K R P C N A C S U D E W O I
I D S Q T S C H V C V S O B S S R D R F
G A J D R B D X Q Q Z Q E C Y Z Y V B L
M N F K E M V X C W P G R W N Z X V V V
O P I S T H O C O E L I - C A U D I A J
```

Word Search 14 – Answer Key

```
A D A L P G U Y F G R Q U B X A R Y S D
F J B Q Q Y P K W H Z N V G S X Q B G U
F M E T B M N Y L L H I M H R B R B J V
Q R J C R Y G E U O I A K S P R Y X T E
A E D A V I M I M U S A U D Z O Y N G E
E A V G A G C Q D W J R F U S S I S J C
L X S U J R U E H M U B F R U P N J N A
T Y Q J H E D D R A I B U R C B J Y F W
K N E M E G T O S A U R U S H R B O R G
T W Q J X O U E N A T A P A O P M W F B
J B Z W U G U T J Y S O S O M T X O W J
G Y M V E B W T A O X B P H I M T K D T
A E O N A B S E M M J R G S M H X W A I
Q Z A G Y Q A S I C D R A L U B I U N B
W Q I P S J A S E V K X X S H G N Y X
Z L T Q N H T M A M L Y B W M H D E O E
E L H G C I Y L O U E G T K U W E B O B
B E I P I A O S A U R U S P E A H K D E
T H I X O O T I D B C U R Q R U E Y O F
S A D F R K L I L I E N S T E R N U S S
```

Word Search 15 - Answer Key

```
Y S D T N A N S H I U N G O S A U R U S
B A H W U U U G R Y Z X A U S V L V P I
J I R F M U S S A U R U S E G O P K O K
X O U C S Z H J I Z E O T Y R A N N U S
W J D W H X J A A Q K S O H E J D C O T
Q O A K X A N N S L E G N J T R Z Z S N
L W N P M S E K Z L H E I Q D H G F H U
A Z O I T Z K O O L J Q A K R A H I R K
P Q C X N O T H R O N Y C H U S H N C A
F O E C T W T J L N F A C Y R Z Q Z O A
K F R H V I I T Z A I V Z T R P H Z H X
Y D A A N E W R O A E T E Q X J R R T Q
C W T R W H G S L O C X H X Q U P T C Q
T B O P N U R J V F Q D D O C R E I Z A
N K P Y C Z R G R P U U R K - K O W V S
X X X S M G W L N B B P O I M K M S P Q T
C J Z I Q C V W F W P E V G O G I H Z G
S C A M A R A S A U R U S T E C W M B X
B R I U C K B B T R M N V B V U J Q U O
X X G S J A B F L M W X P A M Y S B E S
```

Word Search 16 - Answer Key

```
E Q V D Y P F P S V M X A A A T O Q P X
S K F O J U R D F M Y Y S F W R I R A G
U Z N S D I P Y L A R I P U B U L G T D
Y B J G O U R A N O S A U R U S X N F V
D J K X P I C S W M L B E S R H F U P I
Y D C F G B X W I T S Q H U P A D U V C
P U T F G A R J X A V S Y F N K D L H
F G R U B C R D J R E D M O N T O N I A
Z S A K S H J U C C P R V K U X P Q A
W B H U A I U E D H H F F X C N I M V M
K W C I U N T Y F I V A G H G G I G A T
O H U S R D N L L A M D Z X W O W E T U
Y B P A O E T E K B H I D S Q S K F V V
Z N W U P S A E M J U N M H Y A K B H W
F X C R E A B B G I G R O U B U P R G D
E C G U L U P H A J Z V Z V S R H L D N
R J D S T R U T H I O S A U R U S D F C
G O J D A U P N T W I Y P U U S C R J V
D L Z W V S X G C T V E T I Z E Y L M E
X Q T C A T H N R W J N I A M D V F R D
```

Word Search 17 – Answer Key

```
T C W P I B X Y I X O T V M H C W H Q R
X T M K C N C B S K F K M U D R C B B J
P Z R W W H T S Z G J U G K X A Q M N U
V Z E V F X S P D H B W Q Z U F Y B Y B
I E R P N U U L J B M S A L D B W O A Q
O S L H A S U A U U E S I Z S W J G P O
I J I O Z M B T W B Y S Z N P T S W H A
G E K S C G M E P J F Y G H R E H S K U
U C O N A I S O C F L W V R W A U A R Z
S W S I C U R S S K A B X X S R P L T N
Q T A X J Q R A C A L C V Q U Q D T X X
C B U N L K E U P O U E H A O K Q O O Q
J Q R D G D R S T M R S C B H P P W R
Y I U C G T P U B B O O U P I A O U Y
Z Y S N L N O S E F N R B S I A D S G Z
Z Z V S G E B W I N F C E I D N K Z G N
H C K D H P Y A Z N W J U V B A D G U
T J V E N C C R U W J D J D F Z O X W E
P U V N D H Y E N A Y K H D F W Q F S
C P H C J T L G V P K Q K G Y X N M Z F
```

Word Search 18 – Answer Key

```
C K I K Z W F B F U P P N Z T G Q G B E
Y R D X D F F C L C Q I B R X V T V X T
N O S T A U R I K O S A U R U S A B D P
K P C Z O T I Z U U L G K H U Q D Q C D
H O V C X N U J R I Q J R B T N U Q S Z
C O N F U C I U S O R N I S L O X U Z C
B X L P I O A C D J X X Y W B O R N F H
M T J A I S G R Y P O S A U R U S K U U
E R P R O - C O M P S O G N A T H U S B
T Z A T E F O G I M Y Q I S E G G E U U
L U A D X L G E M A U S A U R U S C T T
Y P U N Y S M R K R U R C D F S I R O I
A P P W X P R O C E R A T O S A U R U S
I N D W C Z A B T U I T X K G U T J T A
M Y X M M E B B B S L M I W Q F W Q H U
K C Q N R I X A M J G U M N X E W D Y R
Z W S T R U T H I O M I M U S L A V B U
G O P L L T D R O Q N J H C Y H O O A S
V U G G U X O D A M H W T G L G P H C T
M A F M P G W A O X T F Q K H Z D A U A
```

Word Search 19 - Answer Key

```
L C B I Q G C W H M K U P Z H C D X Z O
B Z X X Y M L R K Y Z K C S A W D X Z I
T S U T Y U I I C S Q O U P T V I Q T N
R Z M F D V N E P R Y R H C I L P U S Z
Y J K D F Q S N Q V U E W X E C L R D J
Q O J X N D P X A A Q E H P K B O Z J W
V P U M F Q H A S N P G O V J Y D Z H M
Z S U Y L U P I K U O N M U T N O N B J
H P T V V A D A B M E S W R D A C G Z I
R R U Y R A X I R T K R A H P C U O U P
L B D A R S R D S A I G R U Y F S N N D
Z F A O C A D U L O L B D A R A C Q I E
K B L R N H C F O A O I J W Y U M X C Z
Q O S M G N Y O C Q P E T M H C S B E E
C X I Z Q B Y W S Q L G R I G X L F R R
F E I O O K L I T A E O R B T T W F A F
E J A X A R T O S A U R U S D A D C T A
W I K Y D A L U Z P R R N W Z Z N I O Z
N N A M A G B J X D O T U B M B U P D D
Q I W Y Q L J Z E I N I O S A U R U S N
```

Word Search 20 - Answer Key

```
L J P K H G I L K O H N F G X C X F U X
C D H I K G C N G D A U J P A H I Z A H
F H Q Q H R X J V F X W J B D N S I L C
H Z B E U E G O N E P G Q U X U N X B C
P Q L N A Q N W H I J G Q T R F O C E O
R F A A G B M M J T E S U U P P A D R R
Z M M M C V A N C H I S A U R U S C T Y
Q M E W M V A X U Y N S O K T E A X O T
R O D Z D G M U B S O T G H A O U E S H
G T Z W D K O C E T Z R J W U L R K A O
T H B E J B V Y P Y A N D U S A U R U S
I C R V D R C Y E T O S S N T M S F R A
N R G I J O G J D I U K B A R B U R U U
O W F J I E K X F H G W Z Z O I G C S R
Q D X O A T K X B S G O F U S A W K C U
Q H N E S N J E V Q L Y C M A P K X F S
D H E O R Y C T O D R O M E U S M B G R
V N D U F C I X E G E R L B J R D T S D
Y Y Y F Q D H P T D X E G G U N X Z G K
Q N C B X T U O J I A N G O S A U R U S
```

Word Search 21 - Answer Key

```
Y N Q B T H K H L U G H S C G Y E E X U
C A R C H A R O D O N T O - S A U R U S
T H E C O D O N T O S A U R U S Y E U D
H O X J E Q Z W C D L N Y A G B B R N T
W I P Q D E N K X B X S Y J G U U J J N
V Y G R L M Y D D G E E G R D A D K B B
V N Q K S E T W T T X R Y E S T E D Q X
N F P N F W S R N Z Y I J I E F N X T O
I F Z W T C I O D C M M L Y O A I Z J M
B A Q T Q Y N U T N W I Z W D L G U M A
P N Z E P L T Z E H G M T E K C E N B R
G H Q N P W A J O A O U M H V T R V J S
Z Z P R I P O D O K E S A U R U S P X H
L O V J Y B S V W P F W A H M Q A R F O
Q V X D A A A A C H E L O U S A U R U S
S J W P Q E U U O T T X D U R S R V D A
R U N R W C R Z M J T I U Z V U U L M U
W K W M N I U L R C A L D J I V S Y K R
M E C Q J S P K J G X W A P X H L H U S
J V I P I J V P W Q W C A X J J M R I S
```

Word Search 22 - Answer Key

```
C N R F Z J Z M K Q S Z I R L P D E R R
Q B K D S W I F Y R E R D S B O E O C K
W A A W Z Q M A L V A R E Z S A U R U S
Q K P Q A S P N E B C O N C A T N S P E
M A W Q Q M W L O B G V P A N D B O K G
S V J A M C Y Q N Z L P B E A J T C M I
I K Z U W Z N G D C Q I R R O A H B P S
K L R I X E R P D Z Y G C K R Q E K S A
V M B W S C S C A A E H O E S S O N U
I F Y W T Y Z W R L E C T Q U C A O R U
I B F I Q L A N T J K O C U I P E U I U S
P O L Z L I M G E D T S D P P E L R D N
Y S D E H D S O Q P W T O O V R S O O Z
U B R D T U J F E X J H I S N S S L S Z
N P K Y L E L L P K X H V F A A A O A Q
R O R S V Q L R H U C K J G J U U P U B
I W W I P C E S L O J X J D K R R H R H
N D S R F R M R N V I P V A V U U U U F
G I O L Z X A O K Z G H G O H S S S S D
K U X F N S W R J E V U T O W K S E R B
```

Word Search 23 – Answer Key

```
E L N A X P T J B N B L Y M S S J T G I
B I J F X A O B E D J J G U U C B J V R
I Y A Q G C C X L D X J R L P U D T K C
G L I X A H V X L Q G U W M W T N H N O
L S P H L I D K U S A P G D E E F M V M
Y X K Y L L G Z S S J T M S D L A U S S
D E F K I L W K A V Z X U O M L M H S O
V C T Q M O L B U U U R Y P O O M O B O
E S G P I B I M R K U S O L N S B T B B
A M B J M A Y R U A N L N N T A Q S K J
X Y F P U T S V W Q O H O U Q T Z Z W
Z Z K S O B O Z H J D U H S R M T F Y
N C R B N R T E D N O U J W A U I Y N F
J E K Z E P H Y R O S A U R U S K Z V N
L C P T Y C A C R Q H J F X R I T Z F C
T W I R F Q O T S A U D L C U M V O C Z
R O D R Y O S A U R U S L U S C D K D C
M D B E M J Z I Q D M I V O X T I W R N
U O Q V J B L U I R S Y B N B P Y P R B
D E E L P R W Z O B T G S Q H Y M G V K
```

Word Search 24 – Answer Key

```
Y U O E I I I H D Q F U K L E B A U A Y
M D F L P G W B V Z Z A R C S S O J X Q
V J E G G I X B F Q R M A V M Q I T J Z
Y M G I M H E P N R S T Q S C E E O F Y
T C S D N E Q K E M Y M F F M J Y E K Y
D H O U X O Z C I S J A A K N X A U X Q
H E E B B C N V G G G S U I W V I U G K
H S F R I U P Y L H U I E B A P R G W J
I P U E I D D O C N D A S A O S X K H D
X E D U E Z A G L H T K N P E V A I C F
E R C I P M I C T A U A P O S K W U Y X
Y O Z L T I E N E C C S F W D K U B R Q
N S E L Z U W C O N B A A B G O P Y L A
O A F O G Z F A L S T U N F A F N E N K
K U C S P M R K D L A R B T I U U V I U
Y R V A R K U W P W Z U U W H F T P L N
Y U V U H L R Y K P O S R R E U V Z N W
M S F R J S Q G F N T S O U U V S F Q P
M Q N U A O R O D R O M E U S S O J Z N
J Q W S N G D G Y X C A M R V B Z E I L
```

Word Search 25 – Answer Key

```
Z Q O S Z N A Z A X X O R D Z U X L S Q
D I T C S P J F O Q Q N I S P V D N E S
Y X C E Q Y J N Y I M E N O S A U R U S
R X L L V C N M S L X T G U Y Z Q R I M
I K D I C R A E O S A U R U S K U O W C
H W G D T M U O N K P U J E X A L U T O
C A Q O G S C W P F A I P P S H N Y Z V
V D Y S O W U Z Y S T X K O J W T B E O
T U I A J M X P O J A F H Z S R O E F Y
F W L U F C E N P Q G P U U S H A S G J
I S A R V D O I D A O W R N F O B F O M
Y Z F U G P V T S L S U Y E M L N Y Y I
Y Z C S P A J F I A A G B M Z V K B O E
C S R I W E X D D S U S V N B F Y K C D
F O N H E O B X O K R R E F V Y L L E Z
J V U O W M V C P J U B U M G D P Z P D
G V X G K N R F N C S F H S N Q I Y H A
G V D F L A K O R K Z Y D B V T V E A B
O D G A S P A R I N I S A U R A O E L P
W P G L Q F I Y A C U Z I L U S W G E F
```

Word Search 26 – Answer Key

```
H I R W V J R Y I T L A S G O H S E Y T
A N E U Q U E N O S A U R U S O G U O S
J C A M P T O S A U R U S B U U Z R P B
P A T D Y D W H L U N P B T P J J O P Q
F T C S G R N Y A I T Z Q C A K T P Q I
I Z H C D B S S A H L E Y U Q A E A Z L
D O F Y X A O M U C P Z U D R H V S L O
P R O T A R C H A E O P T E R Y X A R L
C H B J O O H O C G A B C K U M P U E I
S O Z L E S Y M E R Y O L N X S C R I A
P T E M A A P H R J E A C Q E O M U F O
X P N Z P U A V C A O H R R M C N S L C
V O M P L R U L H I Y T X O I M J M J E
Z J A Z T U X C N H R H G B S L V O N R
T G N O E S R O C S T P P G S A S I S A
C Y R C C A O R Y A E Y E N K W U C F T
J O G W X F L H H F E I H Z Z N R Z O
N D L L F O O O Z O Y E J T M A J D U P
C W E T F V U I B A G A C E R A T O P S
N Q S O Y E Z K J Y T X I R H J F V I D
```

Word Search 27 – Answer Key

```
J I D L Z N Q X Q A X I H R U H X U E E
J P E G Z C R T N Z M X D G H X H P F S
L E A E L L Y N A S A U R A H F H Y L M
H E R R E R A S A U R U S Y G X G B E Z
A H U D X M X R W W J U R O Z F B J X Z
H P L W D H E G U N R D K W H X H X C Y
N T K D I C M W L U V Q K M H X Z G T
P O E D O M O X A C Y U L A C T H C C C
W D P G E H N S P B C L I Q V I F G N
A E E S N E O V E N A T O R J Y U A W I
E T O L K T N S X D U M K E V A W R P I
S Y S V A W Y B T T D O B X E T C P O S
E H W M H H K Z T D I B P I T A S Y A K
M A L I O K U K F Z P E V O R L L Z N G
Q E I O R A S N E O T K Q P U A R G C I
T U S D Z A L M O X E S K D T R P A E H
Y I R M S O T Q U Z R L E H A U X T H L
Y Y V P N T C M U T Y W C C W R H J O J
B F M C S B V E X G X Q E N S U F C S R
V C J R L O P Z Y V W N R C E S U X Y R
```

Word Search 28 – Answer Key

```
K Q H O H Z W P D K M N F S G E D T B U
E Y C Q K R X Y Y X U H Y T O L K C T W
P N Q D R Y L Z I A M J I T R X N E P T
I H H Z H W W K A Y S J N C G S C D V Z
H N G L R U J M A R R C L Q O L P A F A
G M E T R I A C A N T H O - S A U R U S
S A C C M X N Y S Q F C N T A F C P W Q
Y Q K M J H E D A D B W G H U P I E U G
Z L T S C K R O N Z T N K R V P L F O
T U P V M R S U F S G S Q Z U P Y T G X
W P X K G R C A N Z U O L Y S Z X A W C
N S X N C M H A M I O C S E G A B D V S
S Y R U X E I Z X T G P H A J N S X I Q
C G R L D J A V C P V C K U U Z M V Q F
G R A C I L I C E R A T O P S R G Y E H
Q N Y Q J F K L U F E N G O S A U R U S
C U W G X J Z X D H O P T A N I U S W K
H I W M T U U T H M Y D J M S T U U D K
A V Z M 4 M N Y M Y R J I P I E B D Q K
Q J M Z M J H U A M E J M U L L S M J B Z D
```

Word Search 29 - Answer Key

```
H  C  K  J  T  L  K (H  Y  P  S  I  L  O  P  H  O  D  O  N)
S  D  V  B  W  H  T  W  I  V  Q  O  R  P  B  P  Q  C  E
Z  W  Q  Y  L  W (K) T  D  Z  T  R  D  R (S) T  B  Q  N  J
Q  M  F  B  O  Q  R  I  K  V  L  S (R  U  G  O  P  S) B  V
S  Q  H  K  W  N  I  X  P  A  N  P  R  X  B  R  R  Z  U  Q
C  Y  O  F  Z  Q  T  Y  Y  H (S) U (E) A  P  B  A  H  K  Y
M  O  Y  Y  M  J  O  J  E  D  A  P  L  D  T  Q  Y  Q  E  N
Y  E  E  Q (S) L  S  B  V  S  I  U  A  E  N  Q  T  A  J  M
P  M  G  L  H  H  A  O  O  Z  C  G  P  I  F  Y  C  T  F  P
K  M  V  A  U  Y  U  E  L  J  H  R  H  N  I  T  T  B  Z  P
Z  M  P  K  L  R  R  N  I  F  A  M  R  O  Z  W  O  Q  H  F
Q  S  K  F  L  O  U  E  O  L  N  W  O  C  R  I  Z  P  E  J
J  B  S  W  M  K  S  S  I  S  I  Z  S  H  A  T  P  O  U  O
T  P  N  L  Y  E  Q  A  G  S  A  Y  A  E  H  X  N  S  J
H  E  I  Q  V  D  V  D  U  Y  E  U  U  I  R  F  Z  F  Q  Z
U  G  R  R  P  S  G  D  K  R  U  R  R  Y  Q  K  E  E  O
N  U  H  S  P  Y  S  Q  T  P  U  R  U  U  J  G  Y  R  A  C
Z  C  W  Q  H  V  L  E  T  V  X (S)(S)(S) S  E  E  S  T  Z
C  S  E  Y  X  J  W  A  W  C  P  T  D  W  G  K  K  B
H  X  F  Z  V  O  V  C  V  M  P  X  X  J  D  G  N  C  E  P
```

Word Search 30 - Answer Key

```
L  D  A  P  G  I  Z  G  F  P  X  U  C  A  H  U  M  F (C) G
T  T  I  A  T  G  F  J  Z  P  J (N) S  Z  O  D  D  Y  H  Y
Y  D  S (P) K  M (A  N  K  Y  L  O  S  A  U  R  U  S) I  J
F  K  W  R  S  H  L  T  W  L  T  D  T  Y  C  C  H  J  N  B
Y (S) Z  Q  W  I  X  X (A  L  L  O  S  A  U  R  U  S) S  F
Z  X  A  I  W  N  T  B  O  J  G  S  Z  V  J  K  N (A) H  C
O  V  M  U  G  F  U  T  E  B  W  A  R  P  C  T  K  R  A  V
N  H  M  Q  R  R  K  D  A  X  J  U  J  F  K  S  C  A  K  J
X  Y  O  W  L  O  V  J  R  C  S  R  L  V  V  M  E  G  I  X
Z  U  Y  K  L  O  P  X  T  V  O  U  R  K  Y  D  W  O  A  N
K (P  A  C  H  Y  R  H  I  N  O  S  A  U  R  U  S) N  M
Y  P  T  R  N  W  Z (M  A  P  U  S  A  U  R  U  S) A  G  V
E  Q  U  F  W  O  R  S  M  G  K  K  L  U  H  R  S  U  O  A
F  S  E  A  W  G  U  R  A  I  A  X  W  L  R  F  L  R  -  Y
Z  J  H  Y (J  I  N  G  S  H  A  N  O  S  A  U  R  U  S)
O  Y  D  T  F  Q  M  P  Z  E  H  W  A  T  M  U (S)(S) A  R
Z  D  X  V  C  F  N  Q  U  H  G  Y  M  X  M  X  J  U  U  X
Q  T  B  G  R  P  I  C  B  E  Q  Z  T  S  T  Q  G  Z  F  R  J
C  A  I  L  M  Y  Y  J  N  C  M  G  X  C  V  A  Q  U  S
M  I  N  Z  E  J  A  U  P  M  H  G  M  S  A  R  W  I  S  I
```

Word Search 31 - Answer Key

N R A R H P R O T O H A D R O S G X H T
S I Z W Q H G Z M E L Y O N I A Q E H C
C Z V Z D S L L P W E T H S Y L S Z H
B W N M P H D S L L P Q Y C E T R H H M
Z A V E B J E E Y A M H U T O A P A O L
A L Y L A A T F R E P W R I C S P M A Z
K N K A R X Y O A O D Y Q V J A M O D P
O U I N Y P H C L Z Z S R R A U M S I B
L M D O O C P E I X F I E U L R B A N B
V Q P R N K O M K P L L E K V U H U O O
D Q I O Y C I S M X W N N A I S H R S Y
H H C S X J Z X N H I J I F H L B U A Q
G B I A I T T O Z W C Y E Y D B J S U D
C Q E U D U K X T H U H Z C K B V G R G
L S P R O S A U R O L O P H U S A O E T
H N X U Z I I F I Y C F U W M R K P L
Y H A S T R W I S W P R D N L L W H M Y
L Y P Z B A F H Z U U U I K C G M H T G
C Z Q I S G Y R I L P E E L E N J H Y T
L P J Y C U J S K F Y P N G W L I G G U

Made in United States
Troutdale, OR
02/22/2024

17883443R00031